AUFLÄUFE

Lieblinge aus dem Ofen

Autorin: Cornelia Schinharl | Fotos: Jörn Rynio

QUALITÄTS G|U GARANTIE

DIE GU-QUALITÄTS-GARANTIE

Wir möchten Ihnen mit den Informationen und Anregungen in diesem Buch das Leben erleichtern und Sie inspirieren, Neues auszuprobieren. Bei jedem unserer Bücher achten wir auf Aktualität und stellen höchste Ansprüche an Inhalt, Optik und Ausstattung. Alle Rezepte und Informationen werden von unseren Autoren gewissenhaft erstellt und von unseren Redakteuren sorgfältig ausgewählt und mehrfach geprüft. Deshalb bieten wir Ihnen eine 100%ige Qualitätsgarantie.

Darauf können Sie sich verlassen:
Wir legen Wert darauf, dass unsere Kochbücher zuverlässig und inspirierend zugleich sind.
Wir garantieren:
- dreifach getestete Rezepte
- sicheres Gelingen durch Schritt-für-Schritt-Anleitungen und viele nützliche Tipps
- eine authentische Rezept-Fotografie

Wir möchten für Sie immer besser werden:
Sollten wir mit diesem Buch Ihre Erwartungen nicht erfüllen, lassen Sie es uns bitte wissen! Nehmen Sie einfach Kontakt zu unserem Leserservice auf. Sie erhalten von uns kostenlos einen Ratgeber zum gleichen oder ähnlichen Thema. Die Kontaktdaten unseres Leserservice finden Sie am Ende dieses Buches.

GRÄFE UND UNZER VERLAG
Der erste Ratgeberverlag – seit 1722.

INHALT

TIPPS UND EXTRAS

Das grüne Blatt bei den Rezepten heißt fleischloser Genuss:
Mit diesem Symbol sind alle vegetarischen Gerichte gekennzeichnet.

WHO IS WHO?

Auflauf nennt man üblicherweise alles, was knusprig überbacken aus dem Ofen kommt. Kleine Unterschiede gibt es zwischen den beliebten Aromawundern aber schon.

DER AUFLAUF

Früher war die Grundlage eine gehaltvolle Schaummasse aus Butter, Eiern und meist auch Käse, die beim Backen später wie ein Kuchen aufging. Heute schichtet man für Aufläufe die Zutaten in eine Form und übergießt sie mit einer Mischung aus Eiern und Milchprodukten wie Sahne, Quark oder Frischkäse und geriebenem Käse. Da ein Auflauf vor allem schön saftig bleiben soll, ist eine nicht ganz so große, eher hohe Form am besten geeignet.

DAS SOUFFLÉ

Mit »aufblasen« kann man das französische Wort »souffler« am besten übersetzen. Das ist bei einem Soufflé auch das Ziel: Locker und luftig soll es sein. Die Form wird nur zu etwa zwei Drittel gefüllt, da die Masse beim Backen gut Zuwachs bekommt. Während des Backens die Ofentür nicht öffnen, sonst fällt das luftige Gebilde sofort zusammen.

DAS GRATIN

Das Wort Gratinieren kommt aus dem Französischen und bedeutet Überbacken bei meist hoher Temperatur. Das klassische Gratin besteht aus rohen oder vorgegarten Zutaten mit und ohne Käse; auf jeden Fall kommt es ohne Eier aus. Da hier vor allem die Kruste zählt, ist eine große und eher flache Auflaufform besser. Dadurch hat die Masse eine große Oberfläche, das Gargut wird schnell heiß und kann schön knusprig werden. Und die Zutaten trocknen nicht aus.

DIE ZUTATEN

Gemüse sollte frisch sein. Beim Lagern verliert es nämlich Feuchtigkeit, was dann Auflauf & Co. nicht mehr so saftig schmecken lässt. Für viel Feuchtigkeit sorgen neben Käse und Eiern Sahne, Quark und Co. Ob Sie süße oder saure Sahne oder Crème fraîche wählen, spielt fürs Gelingen keine Rolle, macht aber geschmacklich viel aus. Sauermilchprodukte harmonieren besonders gut mit milden Zutaten, die die Säure vertragen können; süße Sahne passt eher zu kräftigen Zutaten.

DER FORM HALBER

Das Material und die Form spielen im Ofen eine nicht ganz unwichtige Rolle. Und auch das Auge isst mit. Besonders schön: Miniformen für kleine Portionen.

KERAMIK, BLECH, GLAS ODER GUSSEISEN?

Keramik, Porzellan und Gusseisen speichern die Wärme gut. Eher nicht so gut sind Glasformen. Dicke Formen speichern die Hitze besser; dunkle leiten Wärme besser als durchsichtige oder helle.

FLACH ODER HOCH?

Gratins sind in flachen, großen Formen am besten aufgehoben. Höhere Formen sind ideal für Aufläufe, denn die gehen beim Backen etwas auf und brauchen Platz nach oben. Eine sehr hohe runde Form braucht ein Soufflé, das stark aufgeht. Dafür muss die Form innen glatt und gerade sein.

DIE KLEINEN

Für Mini-Portionen sind kleine Glas-, Porzellan- oder Gusseisenformen gut. Sie können dafür auch beispielsweise große ofenfeste Tassen umfunktionieren. Die Formen, die ich für meine »Kleinen« verwendet habe, fassen etwa 500 ml.

FETTEN ODER NICHT?

Aufäufe und Gratins enthalten genügend Fett und Feuchtigkeit. Nur Minis sollten Sie gut fetten und zusätzlich mit Semmelbröseln ausstreuen.
Aber: Fett bringt Aroma. Die Butter sorgt für eine braune Kruste und gibt ihr fein-nussiges Aroma an die Zutaten ab. Noch mehr Aroma bekommen Sie mit Kräuterbutter, oder Sie verkneten die Butter wahlweise mit Orangen- oder Zitronenschale oder Gewürzen wie gemahlenem Koriander.

BÉCHAMELSAUCE

40 g Butter | 30 g Mehl | ¼ l Milch | 100 g Sahne | Salz | Pfeffer

Für ca. 300 ml | 20 Min. Zubereitung
Insgesamt ca. 880 kcal, 16 g EW, 78 g F, 78 g KH

1 Die Butter in einem Topf bei mittlerer Hitze schmelzen und leicht aufschäumen, aber nicht braun werden lassen.

2 Das Mehl in die Butter sieben und mit dem Kochlöffel kräftig einrühren, bis es sich komplett mit der Butter verbunden hat.

3 Das Mehl bei mittlerer Hitze unter Rühren so lange anschwitzen, bis es goldgelb ist. Das dauert ein paar Minuten.

4 Jetzt mit dem Schneebesen nach und nach die Milch kräftig unterrühren, damit sich keine Klümpchen bilden.

5 Die Sauce offen bei mittlerer Hitze in 5–10 Min. dickflüssig einkochen. Dabei verliert sich auch der Mehlgeschmack.

6 Die Sahne unterrühren. Die Sauce mit Salz und Pfeffer würzen und für die weitere Verwendung lauwarm abkühlen lassen.

KÄSESOUFFLÉ

150 g würziger Hartkäse (z. B. Appenzeller oder reifer Allgäuer Bergkäse) | 5 Eier | 1 Grundrezept Béchamel | Salz | 2–3 Tropfen Zitronensaft | Butter für die Form

Für 4 Personen | 30 Min. Zubereitung | 40 Min. Backen
Pro Portion ca. 485 kcal, 23 g EW, 39 g F, 10 g KH

1 Eine hohe runde Soufflé- oder Auflaufform am Boden und im unteren Drittel fetten. Den Backofen auf 200° vorheizen.

2 Den Käse fein reiben. Die Eier vorsichtig trennen. Es darf kein Eigelb ins Eiweiß kommen, sonst wird der Eischnee nicht fest.

3 Die Eigelbe nach und nach unter die Béchamelsauce rühren, den Käse ebenfalls untermischen.

4 Eiweiße mit 1 Prise Salz und Zitronensaft sehr steif schlagen. Ein Messerschnitt soll im Eischnee sichtbar bleiben.

5 Den Eischnee auf die Creme häufen, locker untermischen. Nicht zu fest rühren, sonst entweicht zu viel Luft.

6 Die Form zwei Drittel hoch füllen. Das Soufflé im Ofen (unten) etwa 40 Min. backen. Wichtig: Die Ofentür dabei nicht öffnen.

FEINES ZUM START

Ein knuspriger Auflauf als Vorspeise gefällig? Oder wollen Sie lieber eine oder mehrere kleine Formen voller Köstlichkeiten als besonderen Imbiss auf den Tisch stellen? Egal, wofür Sie sich entscheiden, hier machen Auflauf, Gratin und Soufflé für jeden Anlass im Kleinen ganz groß was her!

SPINAT MIT KÄSEHAUBE

1 kg Blattspinat | Salz | 4 Frühlingszwiebeln | 100 g Sahne | je 2 TL süßer und scharfer Senf | 100 g Hartkäse (z. B. Bergkäse) | 40 g Butter

Schnell

Für 4 kleine Formen | 15 Min. Zubereitung | 20 Min. Backen
Pro Portion ca. 295 kcal, 15 g EW, 25 g F, 3 g KH

1 Den Backofen auf 200° vorheizen. Den Spinat von allen welken Blättern und den dicken Stielen befreien und in stehendem kaltem Wasser gründlich, am besten mehrmals waschen.

2 In einem weiten Topf etwa 5 cm hoch Wasser zum Kochen bringen und salzen. Den Spinat darin bei starker Hitze 1 – 2 Min. sprudelnd kochen lassen, bis er zusammenfällt. Gründlich kalt abschrecken und abtropfen lassen.

3 Frühlingszwiebeln waschen, putzen und in feine Ringe schneiden. Spinat sehr gut ausdrücken und grob hacken. Die Sahne mit beiden Senfsorten verrühren. Spinat und Zwiebeln untermischen. Die Masse salzen und auf die Förmchen verteilen.

4 Den Käse grob raspeln. Die Butter in Flöckchen schneiden, mit dem Käse mischen und auf den Spinat streuen. Die Gratins im Backofen (Mitte) 20 - 25 Min. überbacken, bis der Käse geschmolzen und leicht gebräunt ist. Aus dem Ofen nehmen und vor dem Servieren kurz ruhen lassen.

TIPP

Für einen reichhaltigeren kleinen Imbiss je 1 Ei über den Spinat in den Förmchen schlagen, dieses mit der Käsemischung bestreuen und alles wie beschrieben backen.

PILZ-TOMATEN-GRATINS

200 g Cocktailtomaten | 4 Frühlingszwiebeln | 4 Zweige Thymian | 400 g Egerlinge oder Champignons | 2 EL Olivenöl | Salz | Pfeffer | 4 EL frisch geriebener Parmesan | 2 Kugeln (Büffel-) Mozzarella (250 g)

Feiner Imbiss

Für 4 kleine Formen | 15 Min. Zubereitung | 20 Min. Backen
Pro Portion ca. 390 kcal, 22 g EW, 32 g F, 3 g KH

1 Den Backofen auf 225° vorheizen. Die Tomaten waschen und halbieren.Die Frühlingszwiebeln waschen, putzen und mit dem knackigen Grün in Ringe schneiden. Den Thymian waschen, trocken schütteln und die Blättchen von den Zweigen streifen. Die Pilze mit einem trockenen Tuch sauber abreiben und die Enden abschneiden. Die Pilze in knapp 1 cm dicke Scheiben schneiden.

2 Die Pilze mit Tomaten, Zwiebelringen, Thymian und Olivenöl verrühren. Mit Salz und Pfeffer würzen und auf die Förmchen verteilen.

3 Den Parmesan auf den Zutaten verteilen. Den Mozzarella abtropfen lassen, in dünne Scheiben schneiden und auf die Pilzmischung verteilen. Die Gratins im Ofen (Mitte) etwa 20 Min. überbacken, bis sie schön gebräunt sind. Das Gratin mit frischem, knusprigem Baguette servieren.

TIPP

Die Flüssigkeit in den Förmchen auf keinen Fall wegschütten. Sie ist so aromatisch, dass Sie sie mit Brot auftunken sollten!

KARTOFFEL-SARDELLEN-AUFLÄUFE

Dem schwedischen Klassiker »Jansons Versuchung« nachempfunden – etwas leichter und bekömmlicher, ohne dabei Geschmack einzubüßen!

800 g vorwiegend festkochende Kartoffeln
2 EL Olivenöl
Salz | Pfeffer
1 Stange Lauch
10 in Öl eingelegte Sardellen
200 g Sahne
2 Eier
Butter für die Förmchen

Herzhaft sahnig

Für 4 Förmchen | 20 Min. Zubereitung | 35 Min. Backen
Pro Portion ca. 450 kcal, 12 g EW, 32 g F, 28 g KH

1 Die Kartoffeln schälen, waschen und grob raspeln. Das Öl in einer Pfanne erhitzen, die Kartoffelraspel darin bei mittlerer Hitze unter Rühren etwa 5 Min. vorgaren, mit Salz und Pfeffer würzen.

2 Den Backofen auf 200° vorheizen. Die Förmchen gründlich mit weicher Butter ausstreichen.

3 Vom Lauch das Wurzelende und die welken grünen Teile abschneiden. Den Lauch der Länge nach aufschlitzen und gründlich kalt abbrausen, auch zwischen den Schichten. Den Lauch mittelgrob hacken. Die Sardellen abtropfen lassen und fein schneiden.

4 Die Kartoffeln mit Lauch und Sardellen verrühren und auf die Förmchen verteilen. Die Sahne mit den Eiern verquirlen, leicht salzen und pfeffern und darübergießen. Die Aufläufe im Ofen (Mitte) 30–35 Min. backen, bis sie gebräunt und die Kartoffeln weich sind. Kurz stehen lassen, dann servieren. Dazu schmeckt Salat.

TIPP **Ganz viel Aroma bekommen die Aufläufe mit Räucherlachs statt Sardellen. Oder Sie mischen mal feine Streifen von gekochtem oder rohem Schinken unter. Für Vegetarier: Eine feine Mischung aus Mittelmeerkräutern wie Rosmarin, Thymian und Salbei würzt die Kartoffelmischung besonders gut.**

RICOTTAKLÖSSCHEN AUF GEMÜSE

Mit Tomaten und Zucchini ein super Gericht für den Sommer! Wer auf Fleisch nicht verzichten mag, kann Lammkoteletts dazu servieren.

600 g Tomaten
300 g zarte Zucchini
2 Zweige Thymian
1 Bund Basilikum
2 Knoblauchzehen
1 Stück Bio-Zitronenschale (etwa 2 cm)
500 g Ricotta
50 g Semmelbrösel
100 g frisch geriebener Parmesan
2 Eier
Salz | Pfeffer
2 EL Olivenöl
1 TL flüssiger Honig

Sommer-Ferien-Küche

Für 4 Personen | 30 Min. Zubereitung | 25 Min. Backen
Pro Portion ca. 550 kcal, 28 g EW, 40 g F, 17 g KH

1 Die Tomaten waschen, von den Stielansätzen befreien und in dünne Scheiben schneiden. Die Zucchini waschen, putzen und ebenfalls in dünne Scheiben schneiden. Beides abwechselnd dachziegelartig in eine große flache ofenfeste Form schichten.

2 Den Backofen auf 200° vorheizen. die Kräuter waschen, trocken schütteln und die Blättchen abzupfen. Thymian auf das Gemüse streuen. Basilikum fein hacken. Knoblauch schälen und durchpressen, Zitronenschale fein würfeln.

3 Den Ricotta mit Semmelbröseln, der Hälfte vom Parmesan und den Eiern gründlich verrühren. Basilikum, Knoblauch und Zitronenschale unterrühren, alles mit Salz und Pfeffer würzen.

4 Das Öl mit Salz, Pfeffer und dem Honig verrühren und auf der Tomaten-Zucchini-Mischung verteilen. Von der Ricottamasse mit zwei Teelöffeln Nocken abstechen und auf das Gemüse setzen. Mit dem restlichen Parmesan bestreuen. Das Gratin im Backofen (Mitte) etwa 25 Min. backen, bis die Klößchen schön gebräunt sind. Kurz ruhen lassen, dann servieren. Dazu schmecken knuspriges Brot oder auch Bratkartoffeln.

TIPP **Noch würziger wird das Ganze, wenn Sie das Gemüse zusätzlich mit Chiliflocken würzen. Auch fein: Oliven entsteinen, hacken und auf das Gemüse streuen.**

TOMATEN MIT SCHAFSKÄSE

800 g Tomaten | Salz | Pfeffer | 1 TL getrockneter Oregano | 200 g Schafskäse (Feta) | 4 EL schwarze Oliven (mit oder ohne Stein) | 4 EL Olivenöl

Blitzschnell

Für 4 Personen | 10 Min. Zubereitung | 15 Min. Backen
Pro Portion ca. 365 kcal, 11 g EW, 33 g F, 5 g KH

1 Backofen auf 220° vorheizen. Tomaten waschen, von den Stielansätzen befreien, in Scheiben schneiden und dachziegelartig in eine große flache oder in vier kleine ofenfeste Formen schichten. Mit Salz, Pfeffer und Oregano bestreuen.

2 Den Schafskäse zerkrümeln und mit den Oliven auf den Tomaten verteilen. Das Olivenöl darüberträufeln und die Tomaten im Backofen (Mitte) etwa 15 Min. backen, bis der Käse leicht braun ist. Mit frischem Weißbrot servieren.

SCHINKENROLLEN

400 g Gemüse (Möhren, Sellerie und Weißkohl) | Salz | 1 Kästchen Gartenkresse | 150 g Doppelrahmfrischkäse | 50 g frisch geriebener Parmesan | Pfeffer | 8 größere Scheiben gekochter Schinken | 125 g Mozzarella | 2 EL Olivenöl

Super Vorspeise

Für 4 Personen | 20 Min. Zubereitung | 25 Min. Backen
Pro Portion ca. 385 kcal, 20 g EW, 32 g F, 4 g KH

1 Das Gemüse schälen oder waschen, putzen und in feine Streifen schneiden. In Salzwasser etwa 2 Min. sprudelnd kochen lassen, kalt abschrecken und abtropfen lassen. Den Backofen auf 200° vorheizen. Die Kresse abschneiden und mit Frischkäse, Käse, Salz und Pfeffer verrühren.

2 Den Schinken mit dem angemachten Frischkäse bestreichen, mit Gemüsestreifen belegen, aufrollen und in eine ofenfeste Form legen. Den Mozzarella würfeln und darauf verteilen. Die Röllchen mit Öl beträufeln und im Ofen (Mitte) 20 – 25 Min. backen, bis der Käse leicht gebräunt ist.

RADICCHIO-BIRNEN-GRATIN

400 g Radicchio (rund oder länglich) | Salz | 2 Birnen | 2 EL Zitronensaft | 150 g Gorgonzola oder anderer Blauschimmelkäse | 1 Handvoll Walnusskerne | Pfeffer

Würzig und fruchtig

Für 4 kleine Formen | 15 Min. Zubereitung | 15 Min. Backen
Pro Portion ca. 220 kcal, 10 g EW, 15 g F, 10 g KH

1 Backofen auf 220° vorheizen. Radicchio putzen, waschen und durch den Strunk in 1 cm dicke Spalten schneiden. In Salzwasser 1 Min. sprudelnd kochen, kalt abschrecken und abtropfen lassen.

2 Die Birnen vierteln, schälen und von den Kerngehäusen befreien. In Schnitze schneiden und mit Zitronensaft mischen. Mit Radicchio auf die Förmchen (oder eine große Form) verteilen. Den Käse würfeln, die Walnüsse in Stücke brechen.

3 Radicchio und Birnen mit Salz und Pfeffer würzen. Gorgonzola und Nüsse darauf verteilen. Im Ofen (Mitte) etwa 15 Min. backen.

GRATINIERTER SPARGEL

700 g grüner Spargel | Salz | 1 Bund Frühlingszwiebeln | 200 g Bergkäse oder Pecorino | 100 g Crème fraîche | Pfeffer | Chiliflocken | 1 EL Butterflöckchen | 8 dünne Scheiben roher Schinken | Butter für die Form

Frühlingsfrisch

Für 4 Personen | 20 Min. Zubereitung | 20 Min. Backen
Pro Portion ca. 375 kcal, 23 g EW, 29 g F, 5 g KH

1 Den Backofen auf 220° vorheizen. Eine ofenfeste Form fetten. Den Spargel waschen, holzige Enden abschneiden. Spargel in Salzwasser 2 Min. sprudelnd kochen lassen. In die Form legen.

2 Die Frühlingszwiebeln waschen, putzen und in Ringe schneiden. Den Käse raspeln. Beides mit Crème fraîche verrühren und mit Salz, Pfeffer und 1 Prise Chiliflocken würzen.

3 Käsecreme auf dem Spargel verteilen, Butter aufstreuen. Spargel im Ofen (Mitte) 15 – 20 Min. backen. Mit dem Schinken belegt servieren.

LAUCHSOUFFLÉ MIT WALNÜSSEN

Wunderbar locker und luftig kommt es aus dem Ofen. Aber immer dran denken: Damit das so bleibt, darf ein Soufflé nicht auf die Gäste warten. Umgekehrt muss es sein!

40 g Butter
40 g Mehl
400 ml Milch
2 Stangen Lauch (etwa 500 g)
Salz
50 g Walnusskerne
100 g Blauschimmelkäse
150 g würziger Bergkäse
5 Eier
Pfeffer
frisch geriebene Muskatnuss
Butter für die Form

Festlich

Für 4 Personen |
35 Min. Zubereitung |
40 Min. Backen
Pro Portion ca. 630 kcal,
32 g EW, 48 g F, 16 g KH

1 Die Butter in einem Topf schmelzen lassen, das Mehl einrühren und hellgelb anschwitzen. Die Milch mit dem Schneebesen einrühren und die Sauce offen etwa 10 Min. köcheln lassen, bis sie gut dickflüssig ist (siehe S. 6). Lauwarm abkühlen lassen.

2 Inzwischen den Lauch putzen, längs aufschneiden und gründlich waschen, auch zwischen den Schichten. Den Lauch quer in feine Streifen schneiden. Wasser zum Kochen bringen und salzen. Den Lauch darin 1 Min. sprudelnd kochen, abgießen, kalt abschrecken und abtropfen lassen.

3 Backofen auf 200° vorheizen. Eine Souffléform am Boden und den Rand im unteren Drittel mit Butter bestreichen (siehe S. 7).

4 Die Walnüsse in Stücke brechen. Den Blauschimmelkäse würfeln, Bergkäse fein reiben. Die Eier trennen.

5 Lauch und Walnüsse unter die Béchamelsauce rühren, mit Salz, Pfeffer und Muskat würzen. Eigelbe nach und nach unterrühren, dann beide Käsesorten untermischen. Eiweiße zu steifem Schnee schlagen, mit dem Schneebesen vorsichtig unter die Lauchmasse heben (siehe S. 7).

6 Die Form mit der Soufflémasse füllen und in den Backofen (Mitte) stellen. Das Soufflé etwa 40 Min. backen, bis es aufgegangen und schön gebräunt ist. Den Ofen zwischendurch nicht öffnen, sonst fällt das Soufflé zusammen. Das Soufflé sofort servieren. Dazu schmeckt Salat.

TIPP **Dieses Soufflé schmeckt auch mit anderen Gemüsesorten sehr gut. Dazu beispielsweise blanchierten Spinat fein hacken. Erbsen 1–2 Min. blanchieren. Pilze würfeln und braten. Anschließend das Gemüse unter die Béchamelsauce rühren und das Soufflé wie beschrieben fertigstellen.**

MIT GEMÜSE UND KARTOFFELN

Buntes aus dem Backofen. Fleisch spielt hier höchstens eine Nebenrolle, aber mit Gemüse und Kartoffeln kann gar keine Langeweile auf dem Teller aufkommen. Gemüsevielfalt garantiert Auflaufvielfalt!

ZUCCHINI-KARTOFFEL-GRATIN

600 g junge Zucchini | 400 g mehligkochende Kartoffeln | 2 Knoblauchzehen | 4 Frühlingszwiebeln | je 4 Zweige Oregano und Thymian | 4 Salbeiblättchen | 200 g Schafskäse (Feta) | 5 EL Olivenöl | Salz | Chiliflocken nach Belieben

Kräuterfrisch

Für 4 Personen | 20 Min. Zubereitung | 50 Min. Backen
Pro Portion ca. 435 kcal, 13 g EW, 35 g F, 17 g KH

1 Die Zucchini waschen und die Enden abschneiden. Die Kartoffeln schälen, waschen und mit den Zucchini grob raspeln. Den Knoblauch schälen und fein hacken. Die Frühlingszwiebeln waschen, putzen und die weißen Teile mit dem knackigen Grün in feine Ringe schneiden. Die Kräuter waschen, trocken schütteln und von den dicken Stängeln befreien und hacken. Den Schafskäse zerkrümeln.

2 Den Backofen auf 200° vorheizen. Die Zucchini und die Kartoffeln mit Knoblauch, Zwiebeln, Kräutern, Schafskäse und Olivenöl mischen und alles mit Salz und Chilipulver würzen. (Achtung, Salz vorsichtig verwenden, die Masse lieber zwischendurch probieren, denn der Käse ist oft würzig).

3 Die Masse auf eine eher flache ofenfeste Form oder ein Backblech mit Backpapier verteilen und im Ofen (Mitte) etwa 50 Min. backen, bis das Gratin schön gebräunt ist. Herausnehmen, kurz ruhen lassen, dann in Portionen teilen und servieren. Dazu schmeckt Tomatensalat mit roten Zwiebeln.

MÖHREN-BLAUSCHIMMEL-GRATIN

1 kg Möhren | 1 Stange Lauch | 2 TL getrockneter Thymian | Salz | Pfeffer | 175 g Sahne | 200 g Blauschimmelkäse (z.B. Gorgonzola) | 4 EL Sonnenblumenkerne

Preiswert

Für 4 Personen | 20 Min. Zubereitung | 50 Min. Backen
Pro Portion ca. 435 kcal, 16 g EW, 35 g F, 14 g KH

1 Die Möhren schälen und die Enden abschneiden. Die Möhren mit dem Gurkenhobel in feine Scheiben schneiden. Den Lauch putzen, der Länge nach aufschlitzen und gründlich kalt abspülen, auch zwischen den Schichten. Den Lauch quer halbieren und längs in Streifen schneiden.

2 Den Backofen auf 180° vorheizen. Die Möhren mit den Lauchstreifen und dem Thymian mischen, mit Salz und Pfeffer würzen und möglichst gleichmäßig in einer eher flachen ofenfesten Form verteilen. Die Sahne seitlich angießen. Den Käse in kleine Würfel schneiden und mit den Sonnenblumenkernen auf der Oberfläche verteilen.

3 Das Gratin im Ofen (Mitte) 45–50 Min. backen, bis die Möhren bissfest sind und die Oberfläche schön gebräunt ist. Das Gratin schmeckt pur, beispielsweise mit einem gemischten Salat, aber auch als Beilage zu Fleischpflänzchen – dann reicht die Menge sogar für sechs Personen.

TIPP

Versuchen Sie das Gratin auch mal mit Kürbis, Steckrüben oder Pastinaken statt Möhren.

BOHNENGRATIN MIT SCHAFSKÄSE

Gemüseküche, wie sie besser nicht schmecken könnte: knackige Bohnen, fruchtige Tomaten und eine würzige Käse-Joghurt-Creme als Krönung.

600 g grüne Bohnen
evtl. ein paar Zweige Bohnenkraut
Salz
1–2 milde weiße oder rote Zwiebeln (je nach Größe)
400 g Cocktailtomaten
4 Zweige Thymian
1 TL Chiliflocken
200 g Schafskäse (Feta)
300 g Joghurt
1 EL Olivenöl
1 Eigelb

Sommerküche

Für 4 Personen | 25 Min. Zubereitung | 30 Min. Backen
Pro Portion ca. 305 kcal, 17 g EW, 19 g F, 15 g KH

1 Die Bohnen waschen und die Enden abschneiden. Falls sich dabei Fäden zeigen, diese einfach abziehen. Die Bohnen in etwa 3 cm lange Stücke schneiden. Das Bohnenkraut, falls verwendet, kalt abspülen. Wasser zum Kochen bringen und salzen. Bohnen und ggf. das Bohnenkraut einrühren und zugedeckt bei mittlerer Hitze etwa 7 Min. garen. In einem Sieb kalt abschrecken und abtropfen lassen, Bohnenkraut entfernen.

2 Inzwischen die Zwiebeln schälen, achteln und in feine Streifen schneiden. Die Tomaten waschen und je nach Größe halbieren oder vierteln. Den Thymian kalt abspülen und trocken schütteln, die Blättchen von den Zweigen streifen.

3 Den Backofen auf 220° vorheizen. Die Bohnen mit Zwiebeln, Tomaten, Thymian und Chiliflocken mischen und mit Salz abschmecken. In eine flache ofenfeste Form verteilen.

4 Den Schafskäse zerkrümeln und mit dem Joghurt fein pürieren, Olivenöl und Eigelb dazugeben und mit Salz abschmecken. Die Käsemasse auf den Bohnen verteilen. Das Gratin im Ofen (Mitte) etwa 30 Min. backen, bis die Oberfläche schön gebräunt ist. Dazu passen Kartoffeln oder einfach nur Brot.

KARTOFFELGRATIN

Es schmeckt zusammen mit Gemüse, beispielsweise Spinat, und Salat als vegetarisches Gericht und als Beilage zu Fleisch, zum Beispiel Lammkoteletts.

1 Knoblauchzehe
50 g Butter
1 kg vorwiegend festkochende oder mehligkochende Kartoffeln
Salz | Pfeffer
frisch geriebene Muskatnuss
250 g Sahne
150 g Milch

Klassiker

Für 4 Personen | 20 Min. Zubereitung | 45 Min. Backen
Pro Portion ca. 450 kcal, 7 g EW, 32 g F, 34 g KH

1 Den Backofen auf 180° vorheizen. Den Knoblauch schälen und halbieren. Eine flache ofenfeste Form mit den Schnittflächen des Knoblauchs ausreiben, mit etwas Butter ausstreichen.

2 Die Kartoffeln schälen, waschen und in gleichmäßige, möglichst dünne Scheiben schneiden oder hobeln. Lagenweise und dachziegelartig in die vorbereitete Form schichten, dabei jede Lage mit Salz, Pfeffer und Muskat würzen.

3 Die Sahne mit der Milch verrühren und seitlich in die Form gießen. Die übrige Butter klein würfeln und auf dem Gratin verteilen. Das Gratin im Ofen (Mitte) etwa 45 Min. backen, bis die Kartoffeln weich sind, die Flüssigkeit aufgesogen haben und die Oberfläche des Gratins schön gebräunt ist.

VARIANTE

KARTOFFELGRATIN MIT PILZEN
Zusätzlich 250 g Egerlinge putzen und in dünne Scheiben schneiden. Mit einschichten. Mit der Butter 100 g Gorgonzolawürfel auf das Gratin streuen.

KÜRBISAUFLAUF MIT SPECK

1 Stück Muskatkürbis (etwa 900 g) | 1 rote Zwiebel | 150 g durchwachsener Räucherspeck | 12 Salbeiblättchen | 100 g würziger Bergkäse | 250 g Sahne | 4 Eier | Salz | ½ TL Chiliflocken | 2 EL Mandelblättchen | 2 EL Butter | Butter für die Form

Herbstlich

Für 4 Personen | 30 Min. Zubereitung | 40 Min. Backen
Pro Portion ca. 740 kcal, 22 g EW, 67 g F, 12 g KH

1 Aus dem Kürbisstück die Kerne mit dem faserigen Fruchtfleisch herausschaben. Den Kürbis in Stücke schneiden, schälen und auf der Rohkostreibe fein raspeln. Saft, der sich dabei bildet, gründlich abgießen. Die Zwiebel schälen, vierteln und in feine Streifen schneiden. Den Speck von Schwarte und Knorpeln befreien und klein würfeln. Die Salbeiblätter waschen, trocken tupfen und fein hacken. Den Käse fein reiben.

2 Den Backofen auf 180° vorheizen. Eine ofenfeste Form mit Butter ausstreichen. Den Speck mit Zwiebel und Salbei in einer Pfanne unter Rühren bei mittlerer Hitze in etwa 5 Min. glasig und leicht braun werden lassen.

3 Die Sahne mit Eiern und Käse verrühren und salzen. Kürbis mit dem Speck mischen, mit Salz und Chiliflocken würzen und in die Form geben. Eiersahne darübergießen und mit Mandelblättchen bestreuen. Die Butter würfeln und darauf verteilen.

4 Den Auflauf im Ofen (Mitte) etwa 40 Min. backen, bis er schön gebräunt ist. Kurz ruhen lassen, dann servieren. Dazu schmeckt Feldsalat.

KARTOFFEL-ROSENKOHL-AUFLAUF

800 g Rosenkohl | 700 g mehligkochende Kartoffeln | Salz | 1 Bund Petersilie | 125 g würziger Bergkäse | 3 Eier | 200 g Crème fraîche | 1 TL Kümmelsamen (nach Belieben) | 2 TL geriebener Meerrettich | Pfeffer | 150 g dünne Scheiben Räucherspeck oder fetter Speck (z. B. Lardo) | Butter für die Form

Deftig mit Speck

Für 4 Personen | 30 Min. Zubereitung | 45 Min. Backen
Pro Portion ca. 780 kcal, 29 g EW, 61 g F, 28 g KH

1 Vom Rosenkohl die welken Blätter ablösen und die Strunkansätze abschneiden. Den Rosenkohl waschen und in Viertel schneiden. Die Kartoffeln schälen, waschen und in etwa 1 cm große Würfel schneiden. In einem Topf 2 cm hoch Wasser zum Kochen bringen und salzen. Die Kartoffeln und den Rosenkohl darin zugedeckt bei mittlerer Hitze etwa 4 Min. vorgaren. Das Gemüse abgießen und lauwarm abkühlen lassen.

2 Den Backofen auf 180° vorheizen. Eine ofenfeste Form mit Butter ausstreichen. Die Petersilie waschen, trocken schütteln und die Blättchen fein hacken. Den Käse raspeln. Die Eier mit Crème fraîche, Käse, Kümmel nach Belieben und Meerrettich verrühren. Die Eiermasse mit Salz und Pfeffer abschmecken und mit der Kohl-Kartoffel-Mischung und der Petersilie locker verrühren.

3 Die Auflaufmasse in die Form geben. Die Speckscheiben in mundgerechte Stücke schneiden und auf der Oberfläche verteilen. Den Auflauf im Ofen (Mitte) etwa 45 Min. backen, bis er schön gebräunt ist und Kartoffeln und Rosenkohl weich sind.

MOUSSAKA

Lust auf Urlaubserinnerungen? Dann machen Sie sich die kleine Mühe für die Moussaka. Lohnt sich nur für viele, also ein paar Freunde dazu einladen!

1 kg Auberginen
Salz
10 EL Olivenöl
2 größere Zwiebeln
4 Knoblauchzehen
1 kleine Dose geschälte Tomaten (400 g)
1 TL getrockneter Oregano
400 g gemischtes Hackfleisch
1 EL Tomatenmark
½ TL Zimtpulver
Pfeffer
40 g Butter
30 g Mehl
600 ml Milch
600 g mehligkochende Kartoffeln
100 g Schafskäse (Feta)
100 g frisch geriebener Pecorino oder Parmesan
2 Eier
Butter für die Form

Klassiker aus Griechenland

Für 8 Personen |
1 Std. 30 Min. Zubereitung |
1 Std. Backen
Pro Portion ca. 635 kcal,
24 g EW, 50 g F, 20 g KH

1 Die Auberginen waschen, putzen, quer oder längs in etwa ½ cm dicke Scheiben schneiden und salzen. In einer Pfanne nach und nach 8 EL Olivenöl erhitzen und die Auberginen darin portionsweise bei mittlerer Hitze von beiden Seiten anbraten, bis sie leicht braun sind. Beiseitestellen.

2 Zwiebeln und Knoblauch schälen und fein schneiden. Tomaten im Saft in kleine Würfel schneiden. Das restliche Öl erhitzen, Zwiebeln und Knoblauch mit Oregano darin andünsten. Hackfleisch dazugeben und unter Rühren bei mittlerer bis starker Hitze krümelig braten. Tomaten und Tomatenmark dazugeben (Bild 1). Hackfleisch mit Salz, Zimt und Pfeffer würzen und offen bei schwacher Hitze in etwa 15 Min. sämig köcheln.

3 Inzwischen 30 g Butter bei mittlerer Hitze schmelzen und das Mehl einrühren. Goldgelb werden lassen, dann die Milch unter kräftigem Schlagen dazufließen lassen. Die Sauce offen etwa 10 Min. köcheln, dann etwas abkühlen lassen (siehe S. 6).

4 Die Kartoffeln schälen, waschen und in dünne Scheiben schneiden. Schafskäse zerkrümeln (Bild 2). Den Backofen auf 180° vorheizen. Eine große rechteckige ofenfeste Form fetten. Unter die Sauce den Pecorino und die Eier rühren, salzen und pfeffern.

5 Abwechselnd lagenweise Auberginen und Hackmischung, Kartoffeln und Hackmischung in die Form schichten. Den Feta dazwischen streuen (Bild 3). Die Sauce gleichmäßig über alle Zutaten laufen lassen. Die übrige Butter in Würfel schneiden und auflegen. Moussaka im Backofen (Mitte) etwa 1 Std. backen, bis sie schön braun ist und die Kartoffeln weich sind.

1

2

3

BROTAUFLAUF MIT MANGOLD

200 g altbackenes dunkles Bauernbrot | ¼ l Milch | 700 g Mangold (versuchen Sie möglichst mehr Blattanteil als Stiele zu verwenden) | 1 großes Bund Petersilie | 2 TL Koriandersamen | 1 TL Kümmelsamen | 2 EL Butter | Salz | Pfeffer | 150 g würziger Bergkäse | 200 g Crème fraîche | 4 Eier | Butter für die Form

Clevere Resteküche

Für 4 Personen | 30 Min. Zubereitung | 40 Min. Backen
Pro Portion ca. 650 kcal, 28 g EW, 47 g F, 29 g KH

1 Das Brot klein würfeln, mit der Milch in einer Schüssel mischen und ziehen lassen. Den Mangold waschen, die Blätter abschneiden und grob hacken, die Stiele in Streifen schneiden. Die Petersilie waschen und trocken schütteln, die Blättchen abzupfen und fein hacken.

2 Den Koriander und den Kümmel in einer trockenen Pfanne bei mittlerer Hitze 1 – 2 Min. rösten, dann im Mörser leicht zerstoßen. Die Butter in der Pfanne schmelzen lassen, die Mangoldstiele darin unter Rühren 1 – 2 Min. dünsten. Dann die Blätter dazugeben und dünsten, bis sie zusammenfallen. Petersilie untermischen. Alles mit der Koriandermischung, Salz und Pfeffer würzen.

3 Den Backofen auf 180° vorheizen. Eine feuerfeste Form fetten. Den Käse fein reiben. Crème fraîche mit Eiern und Käse verrühren, salzen und pfeffern. Brot und Mangold locker mit der Eiercreme verrühren und in die Form geben. Den Auflauf im Backofen (Mitte) etwa 40 Min. backen, bis die Oberfläche schön gebräunt ist.

GRATINIERTER CHICORÉE

800 g kleinere Chicoréestauden | 2 Schalotten | 4 EL Butter | 2 TL brauner Zucker | 100 ml Gemüsebrühe | ½ Bio-Orange | ½ Bund Petersilie | 150 g mittelalter Gouda | Salz | Pfeffer | frisch geriebene Muskatnuss | 100 g Sahne | 2 TL Honigsenf | Butter für die Form

Fruchtig-aromatisch

Für 4 Personen | 20 Min. Zubereitung | 25 Min. Backen
Pro Portion ca. 295 kcal, 14 g EW, 23 g F, 8 g KH

1 Den Chicorée waschen, von welken Blättern befreien und längs halbieren, Strunkansätze abschneiden. Die Schalotten schälen, halbieren und in Streifen schneiden.

2 In einem weiten Topf 2 EL Butter mit dem Zucker schmelzen lassen. Den Chicorée und die Schalotten darin andünsten und leicht bräunen. Die Brühe angießen und den Chicorée bei schwacher Hitze zugedeckt etwa 5 Min. schmoren.

3 Den Backofen auf 200° vorheizen. Eine ofenfeste Form mit Butter ausstreichen. Die Orangenhälfte waschen und abtrocknen, die Schale fein abreiben. Die Petersilie waschen, Blättchen fein schneiden. Den Käse fein reiben. Alles mischen.

4 Den Chicorée mit Salz, Pfeffer und Muskat würzen und in der Form verteilen. Käsemischung aufstreuen. Sahne mit Senf und Salz verrühren und seitlich angießen. Die übrige Butter würfeln und auf den Chicorée streuen. Gratin im Ofen (Mitte) etwa 25 Min. backen, bis die Oberfläche schön gebräunt ist. Vor dem Servieren kurz ruhen lassen. Dazu Pell- oder Bratkartoffeln reichen.

AUBERGINEN-PARMIGIANA

1 kg Auberginen | Salz | 800 g Tomaten | Pfeffer | Zucker | 3 Beutel Mozzarella (375 g) | 1 Bund Basilikum | 2 EL Mehl | 10 EL Olivenöl | 50 g frisch geriebener Parmesan

Klassiker aus Italien

Für 4 Personen | 40 Min. Zubereitung | 30 Min. Backen
Pro Portion ca. 820 kcal, 27 g EW, 73 g F, 14 g KH

1 Die Auberginen waschen, putzen und der Länge nach in dünne Scheiben schneiden. Die Scheiben mit Salz bestreuen und 10 Min. ziehen lassen. Die Tomaten mit kochendem Wasser überbrühen, kalt abschrecken, häuten und klein würfeln. Tomaten mit ihrem Saft in einem Topf bei mittlerer Hitze etwa 10 Min. köcheln lassen, mit Salz, Pfeffer und 1 Prise Zucker würzen.

2 Den Mozzarella abtropfen lassen und in dünne Scheiben schneiden. Das Basilikum waschen und trocken schütteln, die Blättchen fein hacken. Die Auberginen mit Küchenpapier trocken tupfen und im Mehl wenden. Gut abschütteln.

3 Den Backofen auf 180° vorheizen. Nach und nach 8 EL Öl in einer Pfanne erhitzen, die Auberginen darin portionsweise von beiden Seiten anbraten. Auberginen und Tomaten lagenweise in eine ofenfeste Form schichten. Jede Lage mit Käse belegen und mit Basilikum bestreuen. Parmesan aufstreuen, restliches Öl darüberträufeln. Die Parmigiana im Ofen (Mitte) etwa 30 Min. backen. Etwa 10 Min. ruhen lassen und dann in Stücke schneiden. Warm oder lauwarm servieren.

TIPP

Klassisch wird die Parmigiana in Italien als Vorspeise oder erster Gang serviert – oft abgekühlt. Im Sommer schmeckt sie aber auch gut als Hauptgericht, mit knusprigem Brot und eventuell einem bunten Salat, wie Rucolasalat mit Cocktailtomaten.

TOMATEN MIT PARMESAN

2 EL Butter | 1 gehäufter EL Mehl | ½ l Milch | 1 kg Fleischtomaten | Salz | 1 Bund Basilikum | 2 Knoblauchzehen | 1 rote Chilischote | Salz | 100 g frisch geriebener Parmesan

Fruchtig und würzig

Für 4 Personen | 25 Min. Zubereitung | 20 Min. Backen
Pro Portion ca. 265 kcal, 16 g EW, 16 g F, 15 g KH

1 Backofen auf 220° vorheizen. Butter schmelzen. Mehl einrühren und goldgelb werden lassen. Milch langsam unterrühren. Sauce offen in etwa 10 Min. dickflüssig köcheln (siehe S. 6).

2 Die Tomaten waschen, in Scheiben schneiden und dachziegelartig in eine ofenfeste Form legen. Salzen. Basilikum waschen, Knoblauch schälen, Chili waschen und entstielen. Alles fein hacken und auf die Tomaten streuen.

3 Die Hälfte des Käses in die Sauce rühren, salzen. Auf den Tomaten verteilen, mit übrigem Käse bestreuen. Im Ofen (Mitte) etwa 20 Min. backen.

FENCHEL-TOMATEN-GRATIN

3 Fenchelknollen mit viel Grün (etwa 750 g) | Salz | 400 g Tomaten | 6 EL Olivenöl | Pfeffer | 6 Zweige Thymian | 2 Zweige Oregano | 2 TL Kapern | 100 g Manchego | 50 g Semmelbrösel

Mit Knusperhaube

Für 4 Personen | 30 Min. Zubereitung | 20 Min. Backen
Pro Portion ca. 470 kcal, 11 g EW, 40 g F, 17 g KH

1 Den Fenchel waschen und putzen, das zarte Grün fein hacken. Die Knollen halbieren, in 1 cm dicke Scheiben schneiden und in Salzwasser etwa 3 Min. sprudelnd kochen lassen. Kalt abschrecken. Den Backofen auf 220° vorheizen. Die Tomaten überbrühen, häuten und würfeln. Mit Fenchel, Fenchelgrün und 2 EL Öl in einer flachen ofenfesten Form mischen, salzen und pfeffern.

2 Die Kräuter waschen, Blättchen abzupfen und mit den Kapern fein hacken. Den Käse fein reiben. Mit Kräutern und Bröseln mischen und auf dem Gemüse verteilen. Restliches Öl darüberträufeln. Das Gemüse im Ofen (Mitte) etwa 30 Min. backen.

SPINATGRATIN MIT HACKBÄLLCHEN

3 Scheiben Toastbrot | ½ Bund Petersilie | 400 g gemischtes Hackfleisch | 100 g frisch geriebener Parmesan | Salz | ¼ TL Chiliflocken | 800 g Blattspinat | 1 Bund Frühlingszwiebeln | 2 Knoblauchzehen | 1 Dose gegarte Kichererbsen (240 g Abtropfgewicht) | 1 EL Zitronensaft | 4 EL Olivenöl

Mediterran

Für 4 Personen | 30 Min. Zubereitung | 30 Min. Backen
Pro Portion ca. 665 kcal, 39 g EW, 49 g F, 17 g KH

1 Das Toastbrot entrinden und in einer Schüssel mit Wasser bedeckt einweichen. Inzwischen die Petersilie waschen und trocken schütteln. Die Blättchen abzupfen und fein hacken. Das Brot ausdrücken und fein zerkrümeln. Mit Hackfleisch, Petersilie, 2 EL Käse, Salz und Chili zu einer homogenen Masse kneten und mit den Händen zu tischtennisballgroßen Bällchen formen.

2 Den Backofen auf 200° vorheizen. Den Spinat verlesen, putzen und in kaltem Wasser gründlich waschen. Spinat in kochendem Salzwasser zusammenfallen lassen. Kalt abschrecken und abtropfen lassen. Frühlingszwiebeln waschen, putzen und in Ringe schneiden. Den Knoblauch schälen und fein hacken. Kichererbsen in ein Sieb schütten, kalt abbrausen und abtropfen lassen.

3 Den Spinat mit Zwiebelringen, Knoblauch, Kichererbsen, Zitronensaft und 1 EL Öl verrühren, salzen und in eine ofenfeste Form füllen.Die Hackbällchen darauf verteilen, mit dem restlichen Käse bestreuen und mit übrigem Öl beträufeln. Im Ofen (Mitte) in etwa 30 Min. schön braun backen.

SPINATPASTETE

1 kg Blattspinat | Salz | ½ Bund Minze | 1–2 getrocknete Chilischoten | 1 TL gemahlener Kreuzkümmel | Pfeffer | 1 Packung Strudel-, Yufka- oder Filoteigblätter (Kühltheke, 250 g) | 3 Eier | 300 g Joghurt (nach Belieben aus Schafsmilch) | 300 g Schafskäse (Feta) | 4 EL Olivenöl

Türkische Spezialität

Für 4 Personen | 35 Min. Zubereitung | 35 Min. Backen
Pro Portion ca. 750 kcal, 30 g EW, 59 g F, 25 g KH

1 Den Spinat verlesen, putzen und in stehendem kaltem Wasser gründlich waschen. Den Spinat in Salzwasser sprudelnd kochen lassen, bis er zusammenfällt. Kalt abschrecken und abtropfen lassen. Gut ausdrücken und grob hacken. Die Minze waschen und trocken schütteln, die Blättchen fein hacken. Die Chilischoten zerkrümeln und mit der Minze unter den Spinat rühren, mit Kreuzkümmel, Salz und Pfeffer abschmecken.

2 Den Backofen auf 200° vorheizen. Die Teigblätter vorsichtig (sie zerreißen sehr leicht) voneinander lösen und in Größe des Bodens einer hohen ofenfesten Form zuschneiden. Die Eier mit dem Joghurt verquirlen und mit Salz und Pfeffer würzen. Den Schafskäse fein zerkrümeln.

3 Jeweils 2 Teigblätter aufeinanderlegen. Dann alles folgendermaßen in die Form schichten: Teigblätter, je 1 gehäuften EL Spinat und Schafskäse sowie 1 kleine Schöpfkelle Eiercreme. Mit einer Lage Teig abschließen und das Olivenöl darauflaufen lassen. Die Pastete im Ofen (Mitte) etwa 35 Min. backen, bis sie schön gebräunt ist. Etwa 5 Min. stehen lassen, dann in Stücke schneiden.

MIT NUDELN UND CO.

Auf diese Lieblinge aus dem Backofen kommen wir immer wieder zurück! Pasta, Couscous und Polenta sind in der Form einfach unschlagbar und kommen mal saftig, mal knusprig so richtig gut zur Geltung!

PILZ-LASAGNE MIT PAPRIKA

Lasagne ist der Hit unter den Nudelspezialitäten Italiens – wohl auch, weil man sie so vielfältig variieren kann, dass sie nie langweilig wird!

4 Knoblauchzehen
je 2 rote und gelbe Paprikaschoten
700 g Egerlinge oder Champignons
60 g Butter
Salz | Pfeffer
frisch geriebene Muskatnuss
1 Bio-Zitrone
1 Bund Petersilie
40 g Mehl
800 ml Milch
100 g frisch geriebener Parmesan
250 g Mozzarella
300 g Lasagneblätter (ohne Vorkochen)

Klassiker aus Italien

Für 6 Personen | 50 Min. Zubereitung | 30 Min. Backen
Pro Portion ca. 580 kcal, 26 g EW, 28 g F, 55 g KH

1 Knoblauch schälen und fein hacken. Paprikaschoten waschen, halbieren, putzen und in Streifen schneiden. Die Pilze mit feuchtem Küchenpapier sauber abreiben, die Stielenden abschneiden. Pilze in dünne Scheiben schneiden. In einer Pfanne 1 EL Butter zerlassen, Pilze und Paprika darin bei starker Hitze unter Rühren anbraten, bis alle Flüssigkeit verdampft ist (Bild 1). Knoblauch kurz mitdünsten, mit Salz, Pfeffer und Muskat würzen.

2 Die Zitrone heiß waschen und abtrocknen, die Schale fein abreiben. Die Petersilie waschen und trocken schütteln, die Blättchen fein hacken. In einem Topf 40 g Butter schmelzen. Das Mehl einrühren und bei mittlerer Hitze unter Rühren hellgelb werden lassen (Bild 2). Die Milch mit dem Schneebesen unter die Mehlschwitze schlagen und die Sauce offen in etwa 10 Min. dickflüssig einköcheln lassen (siehe S. 6).

3 Den Backofen auf 200° vorheizen. Pilze und Paprikaschoten mit Zitronenschale und Petersilie mischen und mit Salz, Pfeffer und Muskat abschmecken. Die Hälfte des Parmesans unter die Béchamelsauce rühren, die Sauce mit Salz und Pfeffer abschmecken. Den Mozzarella abtropfen lassen und würfeln.

4 Lasagneplatten, Gemüse, Sauce und Mozzarella abwechselnd in eine größere ofenfeste Form schichten. Mit Nudelplatten und Béchamelsauce abschließen (Bild 3). Den restlichen Parmesan daraufstreuen. Die übrige Butter würfeln und auf der Oberfläche verteilen. Die Lasagne im Ofen (Mitte) etwa 30 Min. backen, bis sie schön gebräunt ist und die Nudelplatten weich sind. Vor dem Anschneiden 5 – 10 Min. ruhen lassen.

1

2

3

SPÄTZLE MIT SPARGEL

Frische Spätzle, mit Gemüse, Schinken und würziger Käse-Eier-Sahne gratiniert – das schmeckt Groß und Klein garantiert!

200 g Mehl
Salz
4 Eier
500 g grüner Spargel
200 g gekochter Schinken
1 Handvoll Kerbel oder 1 Bund Schnittlauch
100 g TK-Erbsen
Pfeffer
½ TL rosenscharfes Paprikapulver
150 g Sahne
150 g mittelalter Bergkäse
1 EL Butter
Butter für die Form

Frühlingsfrisch

Für 4 Personen |
40 Min. Zubereitung |
25 Min. Backen
Pro Portion ca. 655 kcal,
39 g EW, 36 g F, 43 g KH

1 Das Mehl mit knapp 1 TL Salz in einer Schüssel mischen. Die Eier dazugeben und alles zu einem zähflüssigen Teig verrühren.

2 Den Spargel waschen und die holzigen Enden abschneiden. Spargel in etwa 2 cm lange Stücke schneiden und in Salzwasser 2–3 Min. sprudelnd kochen lassen. Abgießen, abschrecken und abtropfen lassen. Den Schinken in Streifen schneiden. Kerbel oder Schnittlauch waschen, trocken schütteln und fein hacken.

3 Für die Spätzle reichlich Wasser zum Kochen bringen und salzen. Etwas Teig mit dem Spätzlehobel oder der Spätzlepresse ins kochende Wasser hobeln oder drücken. Sobald die Spätzle an die Oberfläche steigen, mit einem Schaumlöffel herausheben, abschrecken und abtropfen lassen. Die übrigen Spätzle genauso kochen. Auf diese Weise den gesamten Teig verarbeiten.

4 Den Backofen auf 220° vorheizen. Eine ofenfeste Form mit Butter ausstreichen. Die Spätzle mit Spargel, Schinken, Kräutern und Erbsen mischen und mit Salz, Pfeffer und Paprika würzen.

5 Die Mischung in die Form geben und die Sahne angießen. Den Käse fein reiben und auf der Oberfläche verteilen. Die Butter in Würfeln daraufsetzen. Das Gratin im Ofen (Mitte) etwa 25 Min. backen, bis die Oberfläche schön gebräunt ist.

TIPP **Die Spargel-Saison ist kurz. Gut schmecken statt des Spargels auch Paprikastreifen oder halbierte Cocktailtomaten – beide werden roh unter die Spätzle gemischt.**

NUDELAUFLAUF MIT BROKKOLI

Al dente gekochte Nudeln, bunte Gemüse und eine würzige Mischung aus Kräutern, Chili und Sardellen – die perfekte Kombination für italienischen Genuss aus dem Ofen.

Salz
300 g kurze Nudeln (Fusilli, Casarecce oder Orecchiette)
500 g Brokkoli
1 Fleischtomate
1 Bund Petersilie
2 rote Chilischoten
4 in Öl eingelegte Sardellenfilets
2 Knoblauchzehen
250 g Ricotta
2 Eier
100 g frisch geriebener Parmesan
4 EL Pinienkerne
2 EL Butter
Butter für die Form

Gemüseküche aus Italien

Für 4 Personen |
25 Min. Zubereitung |
40 Min. Backen
Pro Portion ca. 680 kcal,
32 g EW, 34 g F, 60 g KH

1 Reichlich Wasser zum Kochen bringen und salzen. Die Nudeln darin nach Packungsangabe al dente kochen, kalt abschrecken und abtropfen lassen. Brokkoli waschen und in kleine Röschen teilen. Den Stiel schälen und würfeln. In einem zweiten Topf Wasser aufkochen und salzen. Den Brokkoli darin 2 Min. sprudelnd kochen, kalt abschrecken und abtropfen lassen.

2 Den Backofen auf 180° vorheizen. Die Tomate waschen oder häuten und sehr klein würfeln. Die Petersilie waschen, trocken schütteln und die Blättchen fein hacken. Die Chilis waschen und von den Stielen befreien. Mit den Kernen (wer's weniger scharf mag, ohne Kerne) fein hacken. Die Sardellen abtropfen lassen und klein schneiden. Nudeln, Brokkoli, Tomate, Petersilie, Chilis und Sardellen in eine Schüssel geben. Den Knoblauch schälen und dazupressen, alles gut mischen.

3 Den Ricotta mit den Eiern und zwei Dritteln des Parmesans verrühren. Diese Masse unter die Nudelmischung rühren, alles mit Salz abschmecken und in eine ofenfeste Form füllen. Den restlichen Käse und die Pinienkerne daraufstreuen und mit der Butter in kleinen Würfeln belegen. Den Auflauf im Ofen (Mitte) etwa 40 Min. backen, bis er schön gebräunt ist.

TIPP

Es muss nicht unbedingt Brokkoli sein. Gut schmecken im Nudelauflauf auch Mangoldstreifen, Wurzelspinat oder Rosenkohlviertel, jeweils 3 Min. blanchiert oder Artischockenherzen (aus dem Glas).

LAMM-COUSCOUS MIT SCHAFSKÄSE

Das orientalisch angehauchte Gratin schmeckt nicht nur wunderbar, sondern lässt sich auch super vorbereiten. Ein ideales Gästeessen also!

250 g Instant-Couscous
500 g Lammkeule ohne Knochen
je ½ Bund Petersilie und Minze
2 Knoblauchzehen
½ Bio-Zitrone
4 EL Olivenöl
Salz | Pfeffer
½ TL Chiliflocken
200 g Tomaten
300 g junge Zucchini
200 g Schafskäse (Feta)
300 g Joghurt
2 Eier

Orientalisch inspiriert

Für 4 Personen | 35 Min. Zubereitung | 25 Min. Backen
Pro Portion ca. 920 kcal, 46 g EW, 58 g F, 53 g KH

1 Couscous in einer Schüssel mit lauwarmem Wasser bedecken und etwa 15 Min. quellen lassen.

2 Inzwischen Lammfleisch von Fett und Sehnen befreien und in Streifen schneiden. Kräuter waschen, trocken schütteln und fein hacken, etwa 1 EL zum Bestreuen zugedeckt beiseitestellen. Knoblauch schälen und in dünne Scheiben schneiden. Zitronenhälfte heiß waschen und abtrocknen, die Schale fein abreiben.

3 Den Backofen auf 200° vorheizen. Das Öl in einer Pfanne erhitzen, das Fleisch darin in zwei Portionen kräftig anbraten. In einer Schüssel mit Kräutern, Knoblauch und Zitronenschale mischen und mit Salz, Pfeffer und Chili würzen.

4 Die Tomaten waschen oder häuten und in kleine Würfel schneiden. Die Zucchini waschen, von den Enden befreien und ebenfalls würfeln. Couscous mit einer Gabel auflockern und mit Fleisch und Gemüse in einer ofenfesten Form mischen.

5 Den Schafskäse grob würfeln und mit Joghurt und Eiern fein pürieren. Mit Salz (vorsichtig, der Käse ist salzig) und Pfeffer abschmecken und auf der Couscousmasse verteilen. Alles im Ofen (Mitte) 20 – 25 Min. backen, bis die Käsehaube schön braun ist. Kurz ruhen lassen, dann mit Blattsalat und Fladenbrot servieren.

VARIANTE

BULGURAUFLAUF MIT RATATOUILLEGEMÜSE

250 g feinen Bulgur in ½ l kochende Gemüsebrühe rühren und quellen lassen. 700 g Auberginen, Zucchini und Paprika waschen, putzen, würfeln und in 4 EL Öl 5 Min. braten. Mit 1 TL gehackten Salbeiblättchen, 1 EL Zitronensaft, Salz und Pfeffer abschmecken. Mit dem Bulgur und 200 g gewürfelten Tomaten in einer feuerfesten Form mischen. 150 g geriebenen Parmesan mit 3 Eiern verrühren, darübergießen. Im auf 200° vorgeheizten Backofen in etwa 35 Min. braun backen.

POLENTAGRATIN MIT WURST

Deftig-würziges aus Norditalien – mit einem Glas trockenem Rotwein und einer Schüssel Salat einfach ein Genuss!

Salz
300 g Polenta
1 Zwiebel
2 Knoblauchzehen
2 Stangen Staudensellerie
500 g rohe Bratwürste (am besten italienische Salsicce)
1 EL Olivenöl
1 Dose stückige Tomaten (400 g)
125 ml trockener Rotwein oder Gemüsebrühe
Pfeffer oder Chiliflocken
100 g frisch geriebener Parmesan
1 EL Butter
Butter für die Form

Lässt sich gut vorbereiten

Für 6 Personen | 1 Std. Zubereitung | 30 Min. Backen
Pro Portion ca. 605 kcal, 23 g EW, 37 g F, 41 g KH

1 Gut 1 l Wasser zum Kochen bringen und 2 TL Salz dazugeben. Die Polenta mit dem Schneebesen einrühren, aufkochen lassen und bei schwacher Hitze zugedeckt 15 Min. garen. Ab und zu umrühren. Eine kleine Kastenform kalt ausspülen. Die Polenta hineinfüllen, glatt streichen und abkühlen lassen.

2 Die Zwiebel und den Knoblauch schälen und fein würfeln. Die Selleriestangen waschen und die Enden abschneiden. Falls sich dabei Fäden lösen, diese abziehen. Das zarte Selleriegrün fein hacken, die Stangen klein würfeln. Die Wurstmasse in kleinen Stücken aus der Haut drücken.

3 Das Öl in einem weiten Topf erhitzen, Zwiebel, Knoblauch und Selleriewürfel darin andünsten. Wurststücke dazugeben und gut anbraten. Tomaten und Wein unterrühren und den Sugo offen bei mittlerer Hitze etwa 15 Min. köcheln lassen. Mit Salz und Pfeffer oder Chili würzen, das Selleriegrün unterrühren.

4 Den Backofen auf 200° vorheizen. Eine ofenfeste Form mit Butter ausstreichen. Die Polenta aus der Form stürzen und in gut 1 cm dicke Scheiben schneiden. Polenta und Wurstsugo abwechselnd in die Form schichten, mit Polenta abschließen. Den Käse aufstreuen, die Butter in kleine Würfel schneiden und darauf verteilen. Das Gratin im Ofen (Mitte) etwa 30 Min. backen.

SÜSSES AUS DEM OFEN

Das darf einfach nicht fehlen: Früchte in Hülle und Fülle, wie sie die Saison gerade anbietet, konkurrieren mit Streuseln, Pfannkuchen und cremigem Ricotta um den Platz in der Form. Zum Sattessen oder als feines Dessert.

ZWETSCHGEN-CRUMBLE

125 g Butter | 100 g Zucker | 2 Päckchen Vanillezucker | 150 g Mehl | 50 g gemahlene Mandeln | Salz | 800 g Zwetschgen | ½ TL Zimtpulver | Butter für die Form

Knuspriger Herbstgenuss

Für 4 Personen | 25 Min. Zubereitung | 35 Min. Backen
Pro Portion ca. 665 kcal, 8 g EW, 36 g F, 77 g KH

1 Die Butter in ein Töpfchen geben und bei schwacher Hitze zerlassen. Den Zucker mit 1 Päckchen Vanillezucker, dem Mehl, den Mandeln und 1 Prise Salz in einer breiten Schüssel mischen. Die flüssige Butter in einem dünnen Strahl dazufließen lassen, kurz unterrühren und die gesamte Masse mit den Fingerspitzen zu Streuseln verarbeiten. Den Backofen auf 200° vorheizen. Eine flache ofenfeste Form mit Butter ausstreichen.

2 Die Zwetschgen waschen, halbieren und von den Steinen befreien. Mit dem restlichen Vanillezucker und dem Zimt mischen und in der Form verteilen. Die Streusel gleichmäßig daraufstreuen. Die Zwetschgen im Ofen (Mitte) etwa 35 Min. backen, bis die Streusel schön gebräunt sind. Etwa 10 Min. stehen lassen, dann warm oder lauwarm servieren. Vanilleeis oder Schlagsahne passen gut dazu.

TIPP

Schmeckt auch mit anderen Früchten ganz ausgezeichnet. Versuchen Sie es mal mit Kirschen, Stachelbeeren, Brombeeren, Aprikosen oder auch Pfirsichen. Diese am besten vorher häuten. Haut einfach abziehen oder die Früchte vorher kurz kochend heiß überbrühen.

TOPFENAUFLAUF MIT STACHELBEEREN

500 g Stachelbeeren | 1 Bio-Zitrone | 4 Eier | Salz | 500 g Topfen oder Quark (20 %) | 100 g Zucker | 50 g Haselnusskerne | 1 EL Ahornsirup oder flüssiger Honig | 2 EL Butter | Butter für die Form

Wunderbar cremig

Für 4 Personen | 20 Min. Zubereitung | 35 Min. Backen
Pro Portion ca. 505 kcal, 25 g EW, 26 g F, 41 g KH

1 Die Beeren waschen, abtropfen lassen und eventuell putzen. Zitrone heiß waschen und abtrocknen, die Schale fein abreiben. Backofen auf 180° vorheizen. Eine ofenfeste Form fetten.

2 Die Eier trennen, Eiweiße mit 1 Prise Salz steif schlagen. Eigelbe mit Topfen und Zucker verrühren. Beeren untermischen. Eischnee unterheben.

3 Die Topfen-Beeren-Masse in die Form geben. Die Haselnüsse grob hacken, mit dem Ahornsirup mischen und auf der Oberfläche verteilen. Die Butter würfeln und darüberstreuen.

4 Den Auflauf in den Ofen (Mitte) schieben und etwa 35 Min. backen, bis die Oberfläche schön gebräunt ist. Aus dem Ofen nehmen, kurz stehen lassen und warm servieren.

TIPP

Stachelbeeren sind nur eine kurze Zeit im Angebot. Notfalls kann man gut abgetropfte Beeren aus dem Glas nehmen. Der Auflauf schmeckt aber auch mit anderen Beeren wie Himbeeren oder Johannisbeeren sehr gut.

APFEL-AMARETTINI-GRATIN

800 g Äpfel | 1 EL Zitronensaft | 5 EL brauner Zucker | ½ TL Zimtpulver | 150 g Sahne | 60 g Amarettini (ital. Mandelgebäck) | 1 EL Butter | Butter für die Form

Mit Knusperbiss

Für 4 Personen | 20 Min. Zubereitung | 30 Min. Backen
Pro Portion ca. 325 kcal, 2 g EW, 17 g F, 28 g KH

1 Den Backofen auf 180° vorheizen. Eine ofenfeste Form mit Butter ausstreichen. Die Äpfel waschen, vierteln, entkernen, schälen und in dünne Schnitze schneiden. Mit Zitronensaft, Zucker und Zimt mischen und in eine ofenfeste Form schichten. Die Sahne darübergießen.

2 Die Amarettini in einem Gefrierbeutel mit dem Nudelholz zu mittelgroben Bröseln brechen. Auf den Äpfeln verteilen. Die Butter würfeln und darauflegen. Das Gratin im Ofen (Mitte) etwa 30 Min. backen, bis die Äpfel weich sind und die Sahne aufgesogen haben. Kurz ruhen lassen, dann nach Belieben mit Vanilleeis servieren.

APRIKOSENMICHEL

800 g Aprikosen | 2 EL Zitronensaft | 100 g Butter | 300 g Mehl | 4 Eier | 100 g Zucker | 1 Päckchen Vanillezucker | Butter für die Form

Schnell und einfach

Für 4 Personen | 20 Min. Zubereitung | 20 Min. Backen
Pro Portion ca. 915 kcal, 15 g EW, 30 g F, 144 g KH

1 Den Backofen auf 220° vorheizen. Eine ofenfeste Form fetten. Aprikosen waschen, halbieren und entsteinen. Die Hälften längs teilen, mit dem Zitronensaft mischen und in die Form geben.

2 Die Butter zerlassen. Das Mehl zusammen mit Eiern, Butter, Zucker und Vanillezucker mit dem Schneebesen so lange gründlich schlagen, bis keine Mehlklümpchen mehr zu sehen sind. Den Teig über den Aprikosen in der Form verteilen. Den Michel im Ofen (Mitte) etwa 20 Min. backen, bis er schön aufgegangen und gebräunt ist. Warm servieren. Dazu schmeckt beispielsweise mit Vanillezucker aromatisierte Schlagsahne.

BANANENGRATIN MIT KOKOS

2 EL Butter | 1 Bio-Zitrone | 1 Stück frischer Ingwer (etwa 2 cm) | 4 reife Bananen | 150 g Kokosmilch | 2 EL Ahornsirup | 50 g Kokosraspel

Ein Hauch Karibik

Für 4 Personen | 10 Min. Zubereitung | 20 Min. Backen
Pro Portion ca. 225 kcal, 2 g EW, 12 g F, 26 g KH

1 Den Backofen auf 220° vorheizen. Eine flache ofenfeste Form buttern. Zitrone waschen und abtrocknen, Schale fein abreiben. Eine Hälfte auspressen. Ingwer schälen und sehr fein hacken. Bananen schälen und in knapp 1 cm dicke Scheiben schneiden. Mit Ingwer, Zitronenschale und -saft mischen, in die Form schichten.

2 Kokosmilch mit Ahornsirup verrühren und darübergießen. Kokosraspel aufstreuen. Die restliche Butter würfeln und darauf verteilen. Die Bananen im Ofen (Mitte) 15 – 20 Min. backen, bis sie schön gebräunt sind. Das Gratin kurz stehen lassen und warm servieren. Dazu passen gut Schlagsahne, Eis oder eine warme Schokoladensauce.

BEEREN MIT NUSSHAUBE

600 g gemischte Beeren | 2 EL Puderzucker | 4 Eier | Salz | 80 g Zucker | 1 Päckchen Vanillezucker | 150 gemahlene Mandeln oder Haselnüsse | 1 EL Kakaopulver | 2 EL Rum oder Grappa nach Belieben | Butter für die Form

Sommerlich frisch

Für 4 Personen | 20 Min. Zubereitung | 30 Min. Backen
Pro Portion ca. 500 kcal, 15 g EW, 30 g F, 45 g KH

1 Den Backofen auf 180° vorheizen. Eine ofenfeste Form (oder vier Portionsförmchen) mit Butter ausstreichen. Die Beeren verlesen, aber nicht waschen. Mit dem Puderzucker mischen und auf die Form oder Förmchen verteilen.

2 Die Eier trennen, die Eiweiße mit 1 Prise Salz gut steif schlagen. Die Eigelbe mit Zucker und Vanillezucker hellschaumig schlagen. Mandeln oder Haselnüsse, Kakao und eventuell Rum oder Grappa untermischen, den Eischnee unterheben. Nussmasse auf den Beeren verteilen. Beeren im Backofen (Mitte) etwa 30 Min. backen.

CRESPELLE MIT HIMBEEREN

Diese Pfannkuchen kennen wir aus Italien als ersten Gang mit Gemüse und Käse gefüllt. Mit saftigen aromatischen Früchten schmecken sie noch mal so gut, auch Kindern!

150 g Mehl
Salz
Backpulver
200 ml Milch
100 ml Mineralwasser
3 Eier
1 EL Butterschmalz
400 g Himbeeren
50 g Puderzucker
2 EL Himbeergeist nach Belieben
½ Bio-Zitrone
1 Zweig Minze
250 g Ricotta
50 g Zucker
1 Eigelb
2 EL Butter
Butter für die Form

Italien mal süß

Für 4 Personen | 1 Std. Zubereitung | 30 Min. Backen
Pro Portion ca. 680 kcal, 18 g EW, 27 g F, 90 g KH

1 Das Mehl mit je 1 Prise Salz und Backpulver mischen. Milch, Mineralwasser und 2 Eier mit dem Schneebesen gründlich unterrühren. Den ziemlich flüssigen Teig etwa 30 Min. quellen lassen.

2 In einer Pfanne 1 TL Butterschmalz zerlassen. Mit einer Schöpfkelle Teig in die Pfanne gießen und durch Schwenken der Pfanne gleichmäßig darin verteilen. Bei mittlerer Hitze etwa 1 Min. backen, umdrehen und noch 1 Min. backen. Auf diese Weise nach und nach etwa 8 Pfannkuchen backen (Bild 1).

3 Den Backofen auf 200° vorheizen. Eine flache ofenfeste Form mit Butter ausstreichen. Die Himbeeren verlesen, aber nicht waschen. Die Beeren mit Puderzucker und nach Belieben Himbeergeist mischen. Die Zitronenhälfte heiß waschen und abtrocknen, die Schale fein abreiben. Die Minze waschen und trocken schütteln, die Blättchen abzupfen und fein hacken.

4 Den Ricotta mit dem Zucker, dem restlichen Ei und dem Eigelb verrühren. Zitronenschale und Minze untermischen, die Himbeeren vorsichtig unterheben (Bild 2).

5 Die Mischung auf den Pfannkuchen verstreichen, die Pfannkuchen aufrollen (Bild 3) und nebeneinander in die Form setzen. Butter in Flöckchen schneiden und darauf verteilen. Die Crespelle im Ofen (Mitte) etwa 30 Min. backen, bis sie schön gebräunt sind.

1

2

3

REISAUFLAUF MIT RHABARBER

Der saftige Auflauf zum Sattessen schmeckt je nach Jahreszeit auch mit Himbeeren, Aprikosen oder Zwetschgen ganz ausgezeichnet.

500 g Rhabarber
160 g Zucker
250 g Milchreis
1 l Milch
Salz
1 Bio-Zitrone
4 Eier
50 g weiche Butter
1 Päckchen Vanillezucker
Butter für die Form

Süßes für den Frühling

Für 4 Personen |
50 Min. Zubereitung |
45 Min. Backen
Pro Portion ca. 755 kcal,
20 g EW, 28 g F, 106 g KH

1 Den Rhabarber waschen und die Enden abschneiden, evtl. vorhandene Fäden abziehen. Rhabarber mit 80 g Zucker und 125 ml Wasser in einem Topf erhitzen und zugedeckt bei schwacher Hitze etwa 5 Min. garen. In eine Schüssel füllen und abkühlen lassen.

2 Den Reis in einem Sieb kalt abbrausen. Die Milch mit 1 Prise Salz aufkochen, den Reis unterrühren und zugedeckt bei schwacher Hitze etwa 30 Min. garen, dann lauwarm abkühlen lassen.

3 Backofen auf 200° vorheizen. Eine ofenfeste Form (oder vier kleine Förmchen) mit Butter ausstreichen. Die Zitrone heiß waschen und abtrocknen, die Schale fein abreiben. Die Eier trennen.

4 Die Butter mit dem restlichen Zucker und dem Vanillezucker hellschaumig schlagen, die Eigelbe nach und nach unterrühren, dann den Reis untermischen. Die Eiweiße steif schlagen und unterheben. Die Masse in die Form füllen und im Backofen (Mitte) etwa 45 Min. backen, bis der Auflauf schön gebräunt ist. Kurz ruhen lassen, dann mit dem Kompott servieren.

VARIANTE

GRIESSAUFLAUF

250 g Hartweizengrieß mit der Milch erhitzen und nur etwa 10 Min. garen, dann abkühlen lassen. Butter-Ei-Masse wie beschrieben zubereiten, Grieß untermischen. 1 Glas Schattenmorellen (350 g Abtropfgewicht) abtropfen lassen und mit dem Eischnee unterheben. Wie beschrieben backen.

REGISTER

Damit Sie Rezepte mit bestimmten Zutaten noch schneller finden, sind in diesem Register auch beliebte Zutaten wie **Egerlinge** oder **Schafskäse** alphabetisch eingeordnet und hervorgehoben. Darunter finden Sie das Rezept Ihrer Wahl. Vegetarische Rezepte, die im Buch mit einem 🌿 gekennzeichnet sind, sind hier grün abgesetzt.

A

B

C

E

F

G

H

K

L

M

Projektleitung: Stefanie Poziombka
Lektorat: Adelheid Schmidt-Thomé
Korrektorat: Mischa Gallé
Herstellung: Renate Hutt
Satz: Kösel, Krugzell
Innen- und Umschlaggestaltung: independent Medien-Design, Horst Moser, München
Reproduktion: Repro Ludwig, Zell am See
Druck und Bindung: Firmengruppe APPL, aprinta Druck, Wemding
Syndication: www.jalag-syndication.de

3. Auflage 2014
ISBN 978-3-8338-3427-1
www.facebook.com/gu.verlag

GRÄFE UND UNZER

Ein Unternehmen der
GANSKE VERLAGSGRUPPE

Die Autorin

Cornelia Schinharl hat ihre Liebe zum Essen und Trinken zum Beruf gemacht. Seit vielen Jahren bringt sie ihren reichen Erfahrungsschatz als freie Food-Journalistin und Kochbuchautorin zu Papier und hat dafür schon zahlreiche Auszeichnungen bekommen.

Der Fotograf

Jörn Rynio zählt zu seinen Auftraggebern internationale Zeitschriften, namhafte Buchverlage und Werbeagenturen. Mit einer großen Portion Kreativität und appetitanregendem Styling setzt der Hamburger Fotograf Food-Spezialitäten aus aller Welt stimmungsvoll in Szene. Tatkräftig unterstützt wird er dabei von **Michaela Suchy** (Styling) und **Antje Küthe** (Foodstyling).

Bildnachweis

Titelbild: Wolfang Schardt, Hamburg; Autorenfoto: privat; alle anderen Fotos: Jörn Rynio

Titelrezept

Kartoffelgratin, S. 26

Umwelthinweis

Dieses Buch ist auf PEFC-zertifiziertem Papier aus nachhaltiger Waldwirtschaft gedruckt.

QUALITÄTS G|U GARANTIE

Liebe Leserin, lieber Leser,

haben wir Ihre Erwartungen erfüllt? Sind Sie mit diesem Buch zufrieden? Haben Sie weitere Fragen zu diesem Thema? Wir freuen uns auf Ihre Rückmeldung, auf Lob, Kritik und Anregungen, damit wir für Sie immer besser werden können.

GRÄFE UND UNZER Verlag
Leserservice
Postfach 86 03 13
81630 München
E-Mail:
leserservice@graefe-und-unzer.de

Telefon: 00800 / 72 37 33 33*
Telefax: 00800 / 50 12 05 44*
Mo–Do: 8.00–18.00 Uhr
Fr: 8.00–16.00 Uhr
(gebührenfrei in D, A, CH)*

Ihr GRÄFE UND UNZER Verlag
Der erste Ratgeberverlag – seit 1722.

Backofenhinweis:

Die Backzeiten können je nach Herd variieren. Die Temperaturangaben in unseren Rezepten beziehen sich auf das Backen im Elektroherd mit Ober- und Unterhitze und können bei Gasherden oder Backen mit Umluft abweichen. Details entnehmen Sie bitte Ihrer Gebrauchsanweisung.

TOPPINGS FÜR OFENHITS

Aus nur einer Hauptzutat lassen sich mit einer raffinierten Haube schnell und ganz einfach super Ofengerichte zubereiten.

DIE HAUPTZUTAT

Jeweils eine Zutat – vorgekocht, eingefroren oder ein (Halb)Fertigprodukt – bekommt ein ganz besonderes Topping. Die Hauptzutat kann sein: gegarte Rote Beten (Folienpack; Beten würfeln oder in Stifte schneiden), TK-Erbsen (gefroren in die Form geben), weiße bzw. rote Bohnenkerne oder Kichererbsen (Dose; Bohnen und Erbsen gut abspülen), Spätzle oder Gnocchi (Kühltheke) oder gegartes Sauerkraut (einfach in der Form verteilen). Für 4 Personen brauchen Sie ca. 800 g Gemüse, Spätzle oder Gnocchi, 700 g Sauerkraut oder 2 Dosen Bohnen oder Kichererbsen (je 240 g Abtropfgewicht).

KÄSEHAUBE

1 Handvoll Walnusskerne zerkleinern und mit 300 g zerkrümeltem Feta (Schafskäse) und 2 EL saurer Sahne oder Crème fraîche mischen, salzen und pfeffern. Auf Rote Beten, TK-Erbsen oder Kichererbsen (am besten mit 3 – 4 EL gewürfelten Dosentomaten) geben, mit 2 EL Olivenöl beträufeln und im Backofen bei 220° etwa 20 Min. backen. Fein schmeckt statt Feta auch eine Mischung aus gewürfeltem Blauschimmelkäse und Mozzarella. Diese dann statt mit saurer Sahne mit 2 EL Olivenöl und statt mit Walnüssen mit Pinienkernen mischen und mit Pfeffer und eventuell etwas Salz abschmecken.

BRATWURSTHAUBE

300 g rohe Bratwurstmasse in kleinen Stücken aus der Haut drücken, mit 1 TL Kümmelsamen, 200 g saurer Sahne und 100 g geriebenem Hartkäse mischen, mit Salz und Pfeffer würzen. Auf die Zutaten (TK-Erbsen, Spätzle und Sauerkraut) in der Form verteilen und mit 50 g Semmelbröseln und 2 EL Butterflöckchen belegen. Im Backofen bei 200° etwa 25 Min. backen, bis die Oberfläche schön braun ist. Statt Bratwurstmasse schmecken auch Kalbsbrät oder Zwiebelmettwurst. Dann statt der sauren Sahne gewürfelte Tomaten mit dem Käse unter die Brät- oder Wurstmasse mengen.